# 작가 소개

부천에서 태어남.

반남초등학교에 4학년 때 전학 와서 맛있는 급식을 먹으며 쑥쑥 자라나고 있음.

과학, 조립, 미술을 좋아하며 잘함.

꿈은 아직 정하지 않았지만 이 책 만들기를 계기로 살짝 느낌이 왔음.

© 2023 정하림 글 · 그림
초판 1쇄 2023년 8월 23일
**지은이** 정하림
**펴낸이** 김용환
**디자인** 정지윤
**마케팅** 박지현 이동글
**편　집** 안종성
**행정지원** 남상미
**발행처** ㈜작가의탄생
**주소** 04521 서울특별시 중구 청계천로 40 (다동) 한국콘텐츠진흥원 CKL 1315호 (한국관광공사서울센터 빌딩)
**대표전화** 1522-3864
**전자우편** we@zaktan.com
**홈페이지** www.zaktan.com
**I S B N** 979-11-394-1467-7 73810

# 으라차차
## 자신만의 재능을 찾은
# 물만난 거부기

글·그림 정하림

작가의 탄생

햇살이 따듯하게 내리쬐는 날

우리의 주인공 거부기는

해먹을 흔들거리며

다리를 까딱거리며

노래를 흥얼거리며

순간의 행복을 만끽하고 있었다.

뽀글 머리 엄마가 나타나기 전까지 말이다.

엄마는 우리의 주인공 거부기가

얼렁뚱땅 시간을 보내고 있는 꼴은 절대 못 본다.

'시간은 금이다.' 가 생활신조이다.

**"거부기 너 여기에 당장 출전!"**

전단지 한 장을 내민다. 엄마 말은 거역할 수 없다.

거역을 하는 날에는 거북이가 아니라 민달팽이가 될 수도 있다.

# 달리기 대회

호랑호랑!

토끼~!!

대회시작
< 2019년 10월 31일 >

< 경품 >

1등: 트로피, 1,000만원 신발

2등: 트로피, 100만원

3등: 트로피, 10만원

꼴등: 트로피

드디어 대회 날이다.

우리의 주인공 거부기는

출발점에 섰다.

**"땅!"**

출발신호와 함께

우리의 주인공 거부기

힘차게 발을 내딛는다.

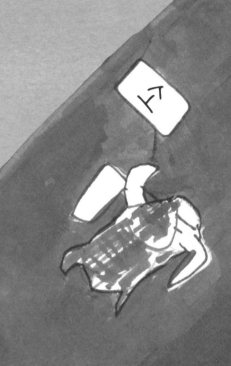

땀으로 목욕을 할 판이다.

하지만

우리의 주인공 거부기

꼴찌다.

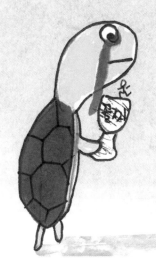

뽀글 머리 엄마

회초리를 들었다.

"요 녀석 꼴찌가 뭐야?  누굴 닮아서 달리기를 이렇게 못해."

뽀글 머리 엄마

우리의 거부기를 매서운 눈빛으로

쏘아보며 소리쳤다.

오늘부터 특훈이야!

두 번째 대회를 나가기 위해

우리의 주인공 거부기

엄마의 감독 아래에서

러닝 뛰기 10시간

타이어 끼고 달리기

1톤 돌 허리에 묶고 달리기

줄넘기 천 번

.

.

.

으라차차! 근육 빵빵! 튼튼해진

우리의 주인공 거부기

과연 우승할 수 있을까?

두구두구두!

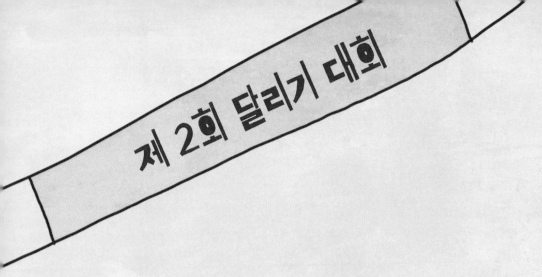

# 제 2회 달리기 대회

땅!

드디어 대회 날

## "땅!"

출발신호와 함께

힘차게 달려가는

우리의 주인공 거부기

다리가 후들후들

팔이  후들후들

온 몸이 달달달달

오~ 이런!

운명의 장난이란 말인가.

우리의 주인공 거부기

철푸덕! 소리를 내며

넘어지고 말았다.

또 꼴찌다.

우리의 주인공 거부기

"왜 나만 안 되는 거야?"

콧김을 씩씩 뿜으며

바다로 간다.

첨벙

한 치의 망설임도 없이

바다로

첨벙

첨벙

첨벙

# 이를 어쩐담!

되는 일 없는 우리의 주인공 거부기

이번에는 상어에게 쫓긴다.

아! 가엽고도 가엽다.

죽어라 도망친

우리의 주인공 거부기

뭍으로 올라와

숨을 몰아 내쉰다.

"휴 살았다."

어라 어라.

우리의 주인공 거부기

도대체 무슨 생각을 하고 있는 거지?

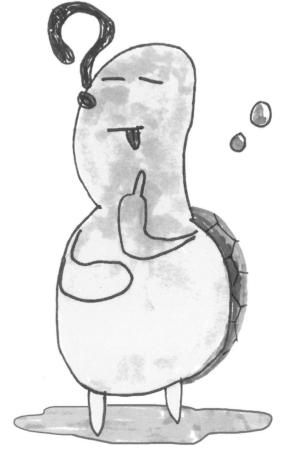

# 이제야 물 만난
# 우리의 주인공 거부기

인생에서 가장 중요한 것은
자신에게 부여된 길을 한결같이 똑바로 걷고
타인과 비교하지 않는 것이다.

- 헤르만 헤세 -